Der Sprücheklopfer

Hans-Willi Haupt

Der Sprücheklopfer

Ernst und heiter

Bibliografische Information der Deutschen Nationalbibliothek:
Die Deutsche Nationalbibliothek verzeichnet diese Publikation in der
Deutschen Nationalbibliografie; detaillierte bibliografische Daten sind
im Internet über
< http://dnb.d-nb.de > abrufbar.

© 2007 Hans-Willi Haupt
Satz, Umschlagdesign, Herstellung und Verlag:
Books on Demand GmbH, Norderstedt
ISBN: 978-3-8334-7945-8

Man soll über diese Sprüche lachen
oder sich Gedanken machen.

Recht behalten zu wollen, ist eine Sache,
aber recht tun, ist das Beste und Wichtigste von allem.

Jedes Ding hat seinen Sinn.

Der Mensch hat sogar fünf Sinne,

und manche haben noch einen mehr: Den Unsinn.

Man könnte
so herrlich auf Erden leben, wenn bloß
die Menschen nicht wären.

Wer die Tiere liebt,

wird auch die Menschen lieben.

Wer die Menschen kennt,

wird die Tiere mehr lieben.

Es ist besser,
wenn es im Leben rauf und runter geht
als drunter und drüber.

Man ist noch kein biologisches Wunder,
wenn man nur den Kopf,
aber nicht auch die Nase hoch trägt.

Wenn
jemand mit vielen Worten
und Fremdwörtern nichts sagt,
ist er entweder ein Politiker
oder ein Schwätzer –
manchmal auch
beides.

Man sollte den Mund
nicht nur zum Gähnen, Essen, Trinken und
Zähneputzen öffnen.
Sicher hat man
manchmal auch etwas zu sagen.

Viele Menschen
benutzen ihren Kopf nicht zum Denken,
sondern nur zum Schütteln und Nicken –
und für den Hut.

Bei langen Menschen sieht man die Länge,
aber bei großen kann man die Größe nur
an den Taten und am Geist erkennen.

Leiste etwas Besonderes und du weißt bald,
wer wirklich deine Freunde sind.

Schmerzen

wären an sich gut zu ertragen,

wenn sie nur nicht so weh täten.

Wer
ständig schafft,
ist nur zu faul zum Ruhen.

Wer stets sein Pferd mit Hafer päppelt,
fühlt sich am Ende nur veräppelt.
Merke: Wer stets zu vieles investiert,
der wird schließlich angeschmiert.

Wer
über dumme Sprüche lachen kann,
muß nicht unbedingt auch dumm sein.

Um alt zu werden,
braucht man nicht nur
eine vernünftige Einstellung zum Leben,
sondern vor allem auch eine gute Gesundheit.

Rauchen
ist zwar lebensgefährdend,
doch wer lange raucht,
lebt auch lange.

Das Leben ist eine Angewohnheit,
fast immer eine sehr schöne.

Das Leben ist so schön, aber auch so kurz,
daß man jeden Tag festhalten möchte.
Aber wo blieben dann die nächsten?

Das Leben ist wie eine Wippe.
Man sitzt dort oftmals auf der Kippe.
Mal ist man oben, manchmal unten,
doch wenn's nicht mehr nach oben geht,
dann hat man's überwunden.

Alt werden
ist nur eine Frage der Zeit,
denn wer alt wird, lebt länger,
und wer länger lebt, wird alt.

Das Leben ist hart.

Es bringt uns Gutes, aber auch Schlechtes.

Darum muß man manchmal

die Zähle zusammenbeißen –

auch die falschen!

Das Leben als Single ist oft schwierig,
doch das Zusammenleben
birgt auch seine Schwierigkeiten.

Ich
möchte gern so alt werden,
daß ich meinen Tod
noch erlebe.

Auch
Menschen,
die du nicht magst,
haben Freunde –
vielleicht mehr als du.

Schenken ist nicht immer leicht,
etwas Persönliches zu schenken, ist schwierig.
Guter Rat: Schenke eine Zahnbürste!
Etwas Persönlicheres gibt es kaum.

Wähle bei Geschenken, die du machst, immer so,
daß du vor allem dem Beschenkten Freude bereitest.

Glaube nicht,

du seist allein klug und weise!

Andere, die es wirklich sind,

durchschauen deine Reden und Handlungen –

schneller als du denkst.

Zuhören
ist oft schwieriger,
aber wichtiger, als selbst zu reden.

Wer
nicht zuhören kann,
ist arrogant und egoistisch.

Höre zu
und du wirst klüger,
weil du mehr erfährst!

Wer

nichts zu sagen hat, spricht meistens zuviel.

Schweige
so lange, bis du weißt,
was du sagen willst!

Versprich
nie mehr
als du halten kannst –
und willst!

Habe
deinen eigenen Stolz,
sei aber nicht eingebildet!

Zum Lügen
gehören
ein leichtes Herz
und
ein gutes Gedächtnis!

Wer

immer andere zum Zeugen anruft,

wenn er etwas behauptet,

steht im Verdacht

zu schwindeln.

Wer

von sich selbst behauptet,

stets die Wahrheit zu sagen und

so zu reden, wie er denkt,

dem sollte man gründlich mißtrauen.

Sei
ehrlich und redlich im Denken und Tun,
zu jedermann
und zu dir selbst!

Menschen
mit schlechtem Charakter
reden anders, als sie handeln,
handeln anders, als sie denken
und denken anders, als sie reden.

Es
ist gut und wertvoll,
wenn man miteinander reden,
aber nicht minder,
wenn man auch miteinander schweigen kann.

Glück ist:

alt zu werden und jung zu bleiben.

Es ist aber auch eine Gnade.

Glück ist auch:

Aus schwierigen Situationen immer wieder unversehrt herauszukommen.

Vom Grase befreit ist unser Rasen.

Das ist bestimmt ein starkes Stück.

Wo Amseln jetzt im Un kraut „grasen"

zog sich das satte Gras zurück.

Mähen und düngen – düngen und mähen

half nichts vertrieb aber Elstern und Krähen.

Gänseblümchen und Unkraut beherrschen die Stätte.

Das will bei unserem Gartenzustand nichts heißen.

Daraus ergeben sich Folgen. Ich wette.

Solange sie da sind hindern sie mich,

ins Gras zu beißen.

Unermeßlich viel Geld zu haben, ist gewiß sehr schön.
Wo aber bleiben dann
die Hoffnung und die Vorfreude,
einmal reich zu werden?

Nicht

Glück zu empfangen, ist allein das Wichtige,

sondern Glück zu vermitteln.

Alles andere ist nur nebensächlich.

Haß und Abneigung
lassen sich oft schwerer verbergen
als Liebe und Zuneigung.

Wenn

du eine Niederlage erlitten hast,

trage sie mit Würde und versuche in Ruhe,

die Ursache dafür zu finden.

Es

gibt immer die Möglichkeit,

Mißverständnisse und Unstimmigkeiten

zu vermeiden, nämlich die Wahrheit zu sagen

und sich klar und deutlich auszudrücken.

Jeder Kuchen
hat seine Rosinen.
Man muß sie nur zu finden wissen.

Sei
freundlich und höflich –
auch zu denen, die dich lieben!

Beurteile die Menschen
nicht nur nach der Sympathie oder Antipathie,
die du für sie empfindest,
sondern auch nach ihren inneren Werten und
ihren Leistungen.

Suche nicht,
die Zuneigung der Menschen
mit Geld oder Geschenken zu gewinnen.
Sie gilt dann nur noch deinem Geldbeutel.

Vergelte
Wohltaten und Gefälligkeiten
nicht sofort wieder mit Gaben oder gar Bezahlung.
Damit wird der Freundschaftsdienst
zur Dienstleistung degradiert.

Tu Armen Gutes,
stets soviel du kannst!
Vielleicht kommt auch einmal die Zeit,
in der du selbst danach verlangst.

Schau

nicht so oft in den Spiegel, um dich zu

bewundern!

Schau auf das Elend in der Welt –

und hilf!

Wenn
du viel Arbeit hast, klage nicht,
sondern pack an!

Allen faulen, schlappen Seelen,
die meinen, das Leben sei nur Schiet,
denen kann man nur empfehlen:
Make the best of it!

Neujahrswunsch

Fest wie ein Baum,
der ständig sich erneuert,
von Jahr zu Jahr
sich mehr entfaltet,
so sollst du sein
im neuen Jahr:
Fest verankert in der Erde
und voll in Blüte,
wie auch des Jahres Stürme wehen!

Bäume gibt es in allen Größen
wie bei vielen Lebewesen.

Bäume tragen Nadeln oder Blätter.

Menschen kleiden sich da viel adretter

So wie der Mensch sich (gern!) vermehrt,

bleibt es seit Adam und Eva dem Baum verwehrt.

Bäume, selbst die größten Riesen,

können sich nicht wie Menschen küssen.

Denn sie sind normal aus Holz.

Daß Menschen nicht hölzern sind, macht diese stolz.

So sind Mensch und Baum verschieden im Leben.

Schließlich muß es doch Unterschiede geben.

Eben!

Spätherbst

Die Uhr zeigt elf.
Es wird nicht hell.
Im Garten taumeln Blätter still zur Erde.
Kahles Geäst, durch das der Himmel blickt.
Die Welt scheint tot.
Ist's eine Lust zu leben?
Doch, ja?
Es ist November nur,
der dich so traurig macht.

Hoffnung

Sobald die ersten Flocken
die Erde leis' bedecken,
zeigt sich ein Hoffnungsstrahl:
Wenn dieses Leichentuch aus Schnee
gelüftet wird,
die Sonne die Natur zu neuem Leben weckt.
Auch dich!

Ende November

Grau ist der Himmel,
wolkenlos und ohne Freude.
Kein Vogel schwingt sich in die Lüfte.
Die Bäume drohen stark im Wind.
Ein Rest von Laub weht über feuchte Erde. –
Du schlägst die Zeitung auf
und liest von Umweltschmutz und Totschlag,
im Nahen Osten und in Persien Krieg,
Aufruhr in Irland und in andern Ländern.
Chaoten wollen unsre Welt zertrümmern …
Und *doch* wird Weihnacht!

Nachtgedanken

Sie entstehen oft bei denen,
die sich nach dem Schlaf zwar sehnen,
doch weil sie nicht schlafen können,
sich den großen Luxus gönnen:
Statt im Traum sich zu versenken,
nächtlich denken!

Nachts

Mitmensch wälzt sich in seinem Bette,
obwohl er gern geschlafen hätte.
Es schlägt die Uhr: Zwölf – eins – zwei – drei,
und bald ist auch die Nacht vorbei.
Mitmensch hat dieses dann geschrieben,
wenn er auch nicht gern wach geblieben.
Doch weiß er, daß nicht jede Nacht
ihn so um seinen Schlaf gebracht.
Er hatte eben nur viel Schmerzen
und bedauert es von Herzen.

Unmäßig

Mitmensch, ein ganz normaler Tropf,
hat Lust auf einen Mohrenkopf.
Drauf bringt ihm wer für ihn alleine
nicht einen, sondern Stücker neune.
Mitmensch stürzt gierig sich darauf sogleich
und ißt sie auf, auf einen Streich.
Nachdem nur kurze Zeit vergangen,
hat's mit dem Magen angefangen.
Mitmensch weiß: Gut wäre es gewesen,
hätt' er nur ein, zwei Stück gegessen.
Er kommt voll Reue zu dem Schluß,
daß auch Genuß genossen werden muß.

Pech

Ein Brett war's nur,
an das den Kopf er stieß,
das dann an seiner Stirn
die Spur einer Verletzung ließ.
Man fragt ihn drauf: „Warst du denn so in Eile?"
Die Antwort: „Klar, nur dann verletzt man sich
die allerschwächsten Körperteile."

Ernste Gedanken, heiter gedacht
und ein paar Sprüche daraus gemacht,
das alles gelesen mit Verstand
gibt den Sinn für Humor bekannt.

Wir denken oft an das Ende,
können oder wollen es aber nicht sehen,
weil die untergehende Sonne uns blendet.

Wir fürchten den Tod,
dabei ist er weniger gefährlich als das Leben.

Der Tod

Der Tod ist etwas ganz Gewisses.
Er kommt bestimmt, wie wir geboren sind.
Doch wann er kommt, das weiß man nicht.
Das isses!
Man sieht ihn fern, derweil die Zeit verrinnt.
Ich hab' gewiß in meinen Erdenjahren
getrauert oft, doch auch gelacht.
Ich ging durch vielerlei Gefahren
und hab' so manches mitgemacht.
Ich nahm es hin,
mich konnte nichts verderben.
Und dennoch geht von Zeit zu Zeit mein Sinn
ganz zielgenau in Richtung Sterben.
Mir ist's gewiß, wie jedem andern auch, bestimmt.
Die Angst ist ganz normal, die mir jetzt keiner nimmt.

Jeder Tod ist gleich,
nur jedes Sterben ist anders.

Über das Sterben

Wenn man froh durchs Leben wandelt,
mit dem Glück hat angebandelt,
läßt es sich niemals ganz vermeiden,
daß man gesundheitlich muß leiden.
Manchmal ist's dann nicht mehr weit
bis zum Weg zur Ewigkeit.
Plötzlich kommt die Stunde X,
dann ist es aus, dann hilft dir nix!
Denn dann wird folgsam und beflissen
kräftig nun ins Gras gebissen.
Andere sind voll Trauer, doch du allein
bist nichts als sauer.
Sei froh, ging alles ohne Qual:
Sterben ist nun mal normal!

Nach einem Anfall von Herzflattern

Wenn es einen zwickt und zwackt
und täglich einen ein neues Übel packt,
wenn man die Welt kaum noch versteht,
weil es statt aufwärts immer mehr nach unten geht,
dann denkt man schon, daß bald das Ende naht
und man glaubt, man sei noch nicht parat.
Doch wer will wissen, wie es wirklich kommt?
Es ist doch klar, daß man schon weiß, was einen
frommt.
Es rüttelt hier, es peinigt dort der Schmerz
und schließlich greift er an das Herz.
Ich bin voll Angst, denn gerne bliebe ich noch hier.
Doch jeder Mensch, auch ich, geht einmal durch diese
letzte Tür.

Leb' frohen Muts,
sei niemals zu bescheiden
und gönn' dir mehr als nur
ein kleines Stückchen Brot.
Tu's auch,
wenn andre dich darum beneiden!
Du lebst nur kurz
und bist ganz lange tot.